跨境电商速成笔记

Quick Notes on Cross-Border E-Commerce

跨境小卖 ◎ 著

化学工业出版社

· 北京 ·

内 容 简 介

《跨境电商速成笔记》为跨境新手提供了从入门到进阶的全链路简明教程及框架模板。全书共分8章，涵盖跨境电商基础认知、平台选择、选品策略、店铺运营、客户服务、数据分析、合规风控及长期增长策略等核心模块。读者按照教程逐步学习，并将总结的知识点记录下来，即可完成开店。本书以"工具书+成长手册"定位，助力每位读者在跨境电商中找到自己的专属航道。

图书在版编目（CIP）数据

跨境电商速成笔记/跨境小卖著 . -- 北京：化学
工业出版社，2025.8. -- ISBN 978-7-122-48375-1

Ⅰ. F713.36

中国国家版本馆 CIP 数据核字第 20250JV158 号

责任编辑：刘　丹　　　　　　　装帧设计：李　冬
责任校对：李　爽

出版发行：化学工业出版社 (北京市东城区青年湖南街 13 号　邮政编码 100011)
印　　装：三河市双峰印刷装订有限公司

710mm×1000mm　1/16　印张 $4\frac{3}{4}$　字数 80 千字　2025 年 10 月北京第 1 版第 1 次印刷

购书咨询：010-64518888　　　　　售后服务：010-64518899
网　　址：http://www.cip.com.cn

定　　价：19.80 元　　　　　　　　　　　　版权所有　违者必究

目　录

第一章

了解跨境电商

一、跨境电商的模式

跨境电商的运营模式多样。按照商品流向分类，跨境电商可以分为跨境出口电商和跨境进口电商，本书讨论的是跨境出口电商。

按照交易对象分类，跨境电商又可以分为 B2B❶、B2C 和 C2C 三种模式，其中 B2B 模式因为单笔交易的金额大、采购数量多，本书不作讨论。下面简单介绍 B2C 和 C2C 模式。

1. B2C

定义	企业直接通过电商平台向海外消费者销售商品，以零售为主
细分模式	平台型 B2C：入驻亚马逊、eBay 等第三方平台
	独立站 B2C：通过 Shopify、Shopline 自建站销售
优劣势	优势：直面消费者，利润空间高，流量集中
	劣势：竞争激烈，平台规则严格（如亚马逊封店风险）
适合人群	中小卖家，尤其是熟悉平台运营规则的创业者

2. C2C

定义	个人卖家通过平台向海外消费者出售二手商品或手工产品
适用场景	手工艺品、收藏品、个性化定制商品
平台示例	Etsy、eBay 拍卖、Depop（时尚二手）
优劣势	优势：低门槛启动，无须囤货（可代销）
	劣势：客单价低，信任度依赖平台背书
适合人群	中小卖家，尤其是熟悉平台运营规则的创业者

---

❶ 本书的英文缩写可在附录查询其中文解释。

二、国际电商零售市场

1. 零售市场介绍

市场	项目	内容
北美市场	市场特点	消费能力强、电商基础好、法规健全
	热门平台	亚马逊是北美市场的主流平台，以丰富的商品种类、高效的物流配送和优质的客户服务受到消费者青睐 沃尔玛在线平台凭借其线下零售的基础，在电商领域也有较强的竞争力 eBay 也是北美地区较为知名的电商平台，以拍卖和二手商品交易起家，如今涵盖了各类新品销售
	发展前景	北美市场规模大且稳定，随着消费者对线上购物的依赖程度不断加深，电商市场有望继续保持增长
	挑战	竞争激烈，合规成本高，需持续优化广告 ROI（投资回报率）
欧洲市场	市场特点	消费层次多样、法规严格、物流和支付配套成熟
	热门平台	亚马逊在欧洲市场表现突出，覆盖多个欧洲国家 OTTO 是德国的知名电商平台，主营时尚、家电、家居等品类 Allegro 是中东欧最大的 B2C 电商平台 法国乐天在法国市场有一定的影响力，提供多种商品品类
	发展前景	欧洲是世界第三大电商市场，且东欧是增速最快的地区之一
	挑战	税收合规成本高，需应对能源危机导致的消费紧缩
东南亚市场	市场特点	经济增长快、互联网渗透率高、追求性价比
	热门平台	Shopee 是东南亚访问量最高和交易规模最大的电商平台 Tokopedia 是印度尼西亚的知名在线市场，与 TikTok Shop 合并后竞争力更强 Lazada 在东南亚市场也有较高的知名度，提供丰富的商品种类
	发展前景	东南亚电商市场规模大，在最近几年是全球电子商务增长最快的地区之一，且电商渗透率仍有较大的提升空间
	挑战	基础设施待完善，价格敏感导致利润偏低

续表

市场	项目	内容
拉丁美洲市场	市场特点	人口红利明显、电商发展潜力大、消费者对价格敏感
	热门平台	Mercado Libre 是拉美地区的电商领头羊，覆盖拉美 18 个国家和地区，拥有自己的物流和支付体系，在当地市场占据主导地位 亚马逊在墨西哥等国家有较高的市场份额，借助其在美国的物流优势，为消费者提供便捷的购物服务 速卖通在巴西等国家发展迅速，一度位居巴西月访问量之首
	发展前景	拉丁美洲市场是全球最大的新兴市场之一，电商市场呈快速增长的态势
	挑战	汇率波动大，政治经济不稳定因素
俄罗斯市场	市场特点	消费需求独特、电商市场增长快、物流挑战大
	热门平台	OZON 是俄罗斯最大的电商平台之一，提供丰富的商品种类 Wildberries 也是俄罗斯知名的电商平台，以时尚和家居用品为主
	发展前景	具有较大发展潜力，中俄贸易关系的不断加强也为中国跨境电商企业进入俄罗斯市场提供了有利的政策环境
	挑战	西方品牌撤离后的供应链重组，本土化运营难度高
中东市场	市场特点	消费能力强、电商发展迅速
	热门平台	Noon 是中东地区的知名电商平台，提供多种商品品类，包括电子产品、时尚、家居用品等 亚马逊收购 Souq 后，FBA 仓覆盖阿联酋
	发展前景	电商发展潜力巨大，随着消费者对线上购物的需求不断增加和电商基础设施的不断完善，未来有望继续保持高速增长
	挑战	文化敏感度高，需深度本地化（如阿拉伯语客服）

2. 新手选市场决策表

市场	推荐指数	适合新手品类	启动资金要求	核心能力需求
东南亚	★★★★★	手机配件、快时尚	￥1 万～3 万	本土化运营、社媒营销
北美、欧洲	★★★★	家居用品、宠物用品	￥5 万 +	合规把控、广告投放

续表

市场	推荐指数	适合新手品类	启动资金要求	核心能力需求
中东	★★★☆	家居装饰、电子产品	¥3万~5万	文化敏感度、要求清关能力
日本	★★★	精致家居、户外装备	¥5万+	日语支持、极致服务
拉美	★★☆	消费电子、快时尚	¥2万~4万	本地仓库、分期支付支持

你选择的平台是 _____

三、平台与选品的相互影响

做跨境，既可以先选品，也可以先选平台。

维度	平台决定选品	选品决定平台
逻辑关系	平台规则和用户画像限制选品范围 （如亚马逊禁止某些类目）	产品特性决定适配平台 （如大件家具适合独立站＋海外仓）
新手优势	降低试错成本 （利用平台流量）	聚焦资源打磨单一产品 （避免分散精力）
风险点	可能被迫选择红海产品	选品后可能发现无合适平台承载

1.两个典型的新手决策模型

模型1：流量驱动型（先选平台）

适用场景	无供应链资源，从零起步
操作流程	1.选择低门槛平台（如速卖通） 2.用鸥鹭选品，抓取平台近期飙升品 3.1688反向找同款（筛选"24小时发货"供应商） 4.快速上架测试，跑通后再迁移到高利润平台
你选择的平台是	

模型 2：供应链驱动型（先有货）

适用场景	有工厂资源、能拿到独家代理
操作流程	1. 确认产品合规性（如 CE 认证） 2. 根据产品体积、重量选择物流方案 3. 匹配平台： 　　小件标品 → 亚马逊 +Temu 组合 　　大件非标 → 独立站 + 社交媒体引流
你的货品是	

2. 新手推荐路径：平台与选品交叉验证

步骤 1：初步锁定平台类型

① 轻资产试水：优先选择全托管平台，无须自营流量，适合测试选品直觉。

② 品牌化方向：若供应链有优势，可选择亚马逊、独立站。

步骤 2：基于平台特性初筛产品

平台类型	适配产品特征	选品建议
全托管平台	超低价（＜ $10）、轻小件、无认证需求	硅胶折叠餐具、手机支架、数据线
亚马逊 FBA	中高价（$20 ～ 50）、标准化、高频复购	宠物梳毛器、厨房收纳盒、健身阻力带
独立站	高溢价（$50+）、差异化、强视觉属性	设计师首饰、定制印花 T 恤、手工家居品

步骤 3：数据验证双向调整

（1）工具组合

用 Jungle Scout 查亚马逊 BSR 榜单，验证平台热销品。

用 Pinterest 趋势发现独立站潜力品，如"可折叠猫爬架"搜索量 +230%。

（2）灵活切换

若在全托管平台测试的宠物降温垫出单快但利润低 → 迁移到亚马逊推升级版（如增加温度显示功能）。

若独立站设计的极简风手表转化差 → 转到 Etsy 瞄准手工爱好者群体。

你的选择　　□ 选品　　□ 选平台

你的跨境思路：_____

_____

_____

_____

_____

_____

_____

_____

_____

_____

_____

_____

_____

平台选择与店铺搭建

对于大多数新手，建议"先选平台，再精准选品"，因此本书将平台的选择放在选品前面介绍，读者可以根据实际情况调整第二章和第三章的阅读顺序。

一、平台选择

1. 调查问卷

在选择平台之前，先做一份简单的调查问卷，有助于你后续选择自己适合的跨境电商平台。请逐一回答以下问题：

1. 你的目标市场是哪里？

A. 北美（美国、加拿大）

B. 欧洲（英国、德国、法国等）

C. 亚洲（中国、日本、韩国等）

D. 拉美地区（巴西、墨西哥、阿根廷等）

E. 其他地区_____

2. 你计划销售的产品类型是什么？

A. 电子产品

B. 服装和配饰

C. 家居用品

D. 美妆和个人护理

E. 其他_____

3. 你的预算有多少？

A. 较少（几千元人民币）

B. 中等（几万元人民币）

C. 较高（十几万元人民币及以上）

记下你的随想
_____
_____
_____
_____
_____
_____
_____
_____
_____
_____
_____

4. 你是否有电商经验?

    A. 完全没有

    B. 有一些国内电商经验

    C. 有丰富的电商经验

5. 你希望平台的运营难度如何?

    A. 非常简单, 易于上手

    B. 中等难度, 需要一些学习

    C. 复杂, 但功能强大

6. 你希望平台的费用结构如何?

    A. 低门槛, 低费用

    B. 中等费用, 提供更多服务

    C. 高费用, 提供全方位支持

7. 你希望平台的物流解决方案如何?

    A. 平台提供物流服务

    B. 自己解决物流问题

    C. 需要平台推荐物流合作伙伴

8. 你希望平台的营销支持如何?

    A. 提供基础的营销工具

    B. 提供中等的营销支持

    C. 提供全面的营销解决方案

9. 你希望平台的客户服务如何?

    A. 基础的客户服务

    B. 中等的客户支持

    C. 全面的客户服务和支持

10. 你希望平台的品牌建设支持如何?

    A. 基础的品牌展示

    B. 中等的品牌推广支持

    C. 全面的品牌建设解决方案

记下你的随想

2. 常见平台介绍

（1）亚马逊（Amazon）

适合人群	目标市场为北美和欧洲的卖家，尤其是产品为标品和品牌化产品的卖家
平台支持	FBA 物流（2 日达）、Prime 会员流量、广告投放工具
风险点	审核严格，竞争激烈
笔记	

（2）速卖通（AliExpress）

适合人群	目标市场为全球的卖家，尤其是低价白牌商品
平台支持	无忧物流、俄罗斯 / 巴西市场流量扶持
风险点	低价内卷严重，利润空间小
笔记	

（3）eBay

适合人群	初学者和小预算卖家，尤其是二手商品和收藏品
平台支持	拍卖模式、基础营销工具、全球覆盖
风险点	价格战激烈，用户信任度较低
笔记	

（4）Shopify

适合人群	希望自建品牌的卖家，尤其是差异化产品
平台支持	独立站搭建、用户数据私有化、多渠道销售
风险点	需自行引流（计算广告成本），技术门槛较高
笔记	

（5）Temu（拼多多跨境）

适合人群	拥有极致低价供应链的源头工厂，能接受薄利多销模式的商家
平台支持	全托管模式（平台负责运营、物流）
风险点	利润压缩严重，无用户数据积累
笔记	

（6）TikTok Shop

适合人群	擅长短视频创作或直播带货的团队，潮流快消品卖家
平台支持	短视频、直播流量赋能，东南亚市场爆发红利
风险点	需本土化内容团队或 MCN 合作，退货率较高
笔记	

（7）Shopee

适合人群	专注东南亚市场的跨境新手，快消品卖家
平台支持	官方 SLS 物流简化跨境链路，闪购频道（Flash Sale）流量倾斜
风险点	低价竞争激烈（菲律宾 / 越南站尤甚），签收率不高
笔记	

（8）SHEIN（希音）

适合人群	有快时尚供应链（如有 7 天打样能力），擅长社交媒体营销的团队
平台支持	小单快反模式（100 ～ 500 件测款），TikTok、Instagram 流量红利
风险点	退货率较高，库存压力大（需快速周转）
笔记	

（9）Wish

适合人群	销售低价商品的卖家，尤其是轻小件产品
平台支持	算法推荐流量、基础营销工具
风险点	用户评价体系不完善，退货率较高
笔记	

（10）Noon（中东）

适合人群	高客单价产品（电子、奢侈品）卖家，熟悉伊斯兰文化禁忌的供应链
平台支持	"白色星期五"大促流量保障
风险点	COD 模式退货率高，清关复杂
笔记	

（11）乐天 Rakuten（日本）

适合人群	精细化运营日本市场的品牌，合规能力强（JAS 认证等）
平台支持	积分返现系统提升复购率，高消费力用户群（客单价 $80+）
风险点	差评容忍度极低（退货率需＜3%），语言和文化门槛高
笔记	

（12）Etsy（手工艺 / 小众）

适合人群	手工制品 / 复古商品设计师，小众原创品牌（环保、文艺风）
平台支持	高黏性社群（搜索词含 "handmade" 占比 40%），欧美中产消费群体精准触达
风险点	仿品投诉可能导致封店，客单价较低
笔记	

初步筛选你感兴趣的平台：□亚马逊　□速卖通　□ eBay　□ Shopify

□ Temu　□ TikTok Shop　□ Shopee　□ SHEIN　□ Wish

□ Noon　□乐天　□ Etsy　□其他平台＿＿＿＿＿＿＿＿＿＿＿

3. 平台对比

（1）入驻条件对比

平台	核心入驻条件	审核周期
亚马逊	企业执照＋双币信用卡＋水电账单	
Shopify	邮箱＋信用卡＋域名	

（2）费用结构对比

平台名称	亚马逊	Shopify		
月租费	$39.99	$29～299		
佣金比例	8%～15%	无（交易手续费2.9%+$0.3）		
保证金				
广告费（可选）	按点击收费	按广告投放收费		
物流费（可选）	FBA 仓储费	自选物流		
其他费用	长期仓储费、退货处理费	主题、插件购买费		

不同资质和实力的企业有如下不同的选择可供参考。

品牌溢价型	亚马逊品牌旗舰店 + Shopify 独立站
区域突破型	东南亚（Shopee）+ 中东（Noon）双线布局
内容驱动型	TikTok Shop + Instagram Shopping

你选择的平台是_____

你的规划是_____

_____

_____

_____

_____

_____

_____

_____

_____

_____

_____

二、店铺搭建

1. 常见平台的店铺搭建

（1）速卖通

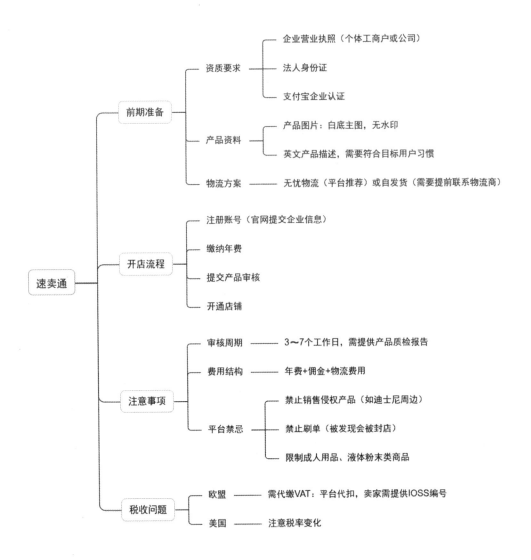

（2）TikTok Shop（东南亚、英国站）

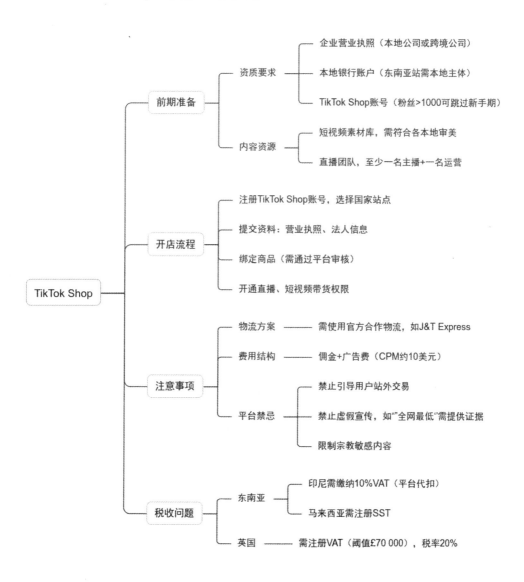

TikTok Shop
- 前期准备
  - 资质要求
    - 企业营业执照（本地公司或跨境公司）
    - 本地银行账户（东南亚站需本地主体）
    - TikTok Shop账号（粉丝>1000可跳过新手期）
  - 内容资源
    - 短视频素材库，需符合各本地审美
    - 直播团队，至少一名主播+一名运营
- 开店流程
  - 注册TikTok Shop账号，选择国家站点
  - 提交资料：营业执照、法人信息
  - 绑定商品（需通过平台审核）
  - 开通直播、短视频带货权限
- 注意事项
  - 物流方案 —— 需使用官方合作物流，如J&T Express
  - 费用结构 —— 佣金+广告费（CPM约10美元）
  - 平台禁忌
    - 禁止引导用户站外交易
    - 禁止虚假宣传，如""全网最低''需提供证据
    - 限制宗教敏感内容
- 税收问题
  - 东南亚
    - 印尼需缴纳10%VAT（平台代扣）
    - 马来西亚需注册SST
  - 英国 —— 需注册VAT（阈值£70 000），税率20%

TikTok Shop 开店要点＿＿＿＿＿＿＿＿＿＿＿＿＿＿＿＿＿＿＿＿＿＿＿＿＿＿＿＿＿＿＿＿＿

＿＿＿

＿＿＿

（3）Shopee

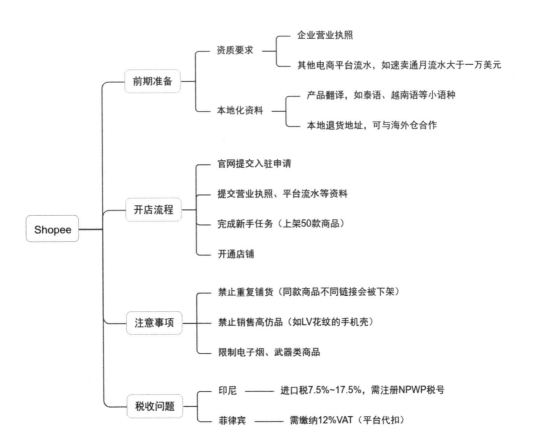

Shopee 开店要点_____

_____

_____

_____

_____

（4）Temu

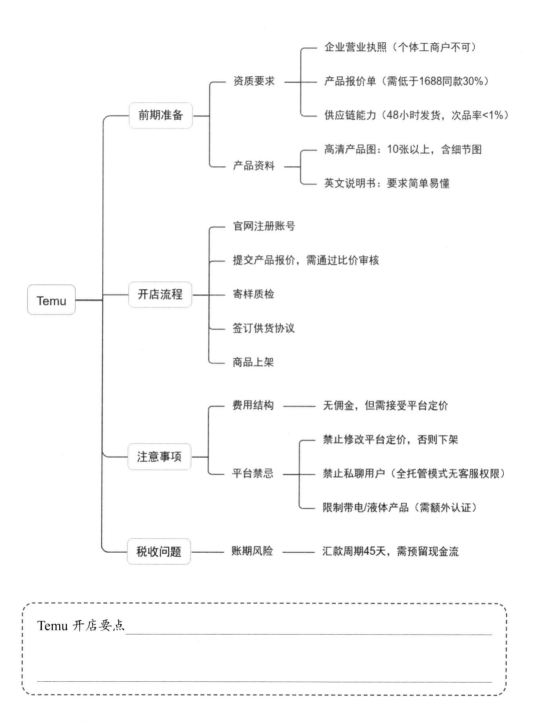

Temu 开店要点 _____

_____

2. 店铺搭建计划

（1）你的店铺搭建思维导图

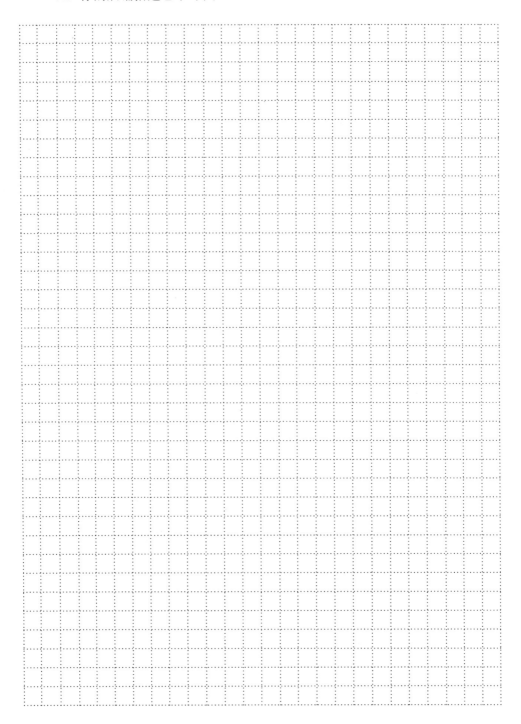

（2）资料准备

是否准备	项目	费用	备注
	营业执照		
	邮箱		
	电脑或手机		
	信用卡		
	网络		

（3）开店进展

序号	项目	时间	
1			
2			
3			

（4）平台禁忌及税收问题

1	
2	
3	

3. 支付与资金安全

（1）主流收款工具简介

支付工具	支持平台	备注
Paypal	几乎所有主流电商平台	
Payoneer	亚马逊、Walmart、eBay、TikTok Shop、SHEIN、Temu 等	
WorldFirst	亚马逊、Walmart、Newegg、Cdiscount、Lazada、Rakuten 等	
PingPong	主要为中国跨境电商提供亚马逊收款服务，也支持 Wish、Newegg 等平台	
速卖通国际支付宝	主要服务于速卖通平台的交易收款	
亚马逊官方收款	专门为亚马逊卖家提供收款服务，适用于全球范围内的亚马逊站点	

所选平台支持的收款工具有 _____

（2）所选平台的支付工具对比，如交易费用、提现费用、到账时间等。

支付工具	费用		

选用的支付工具是 _____

_____

其他注意事项 _____

_____

_____

_____

_____

_____

_____

_____

选品策略与供应链管理

一、选品策略

1. 自测题

一、选择题（单选）

1. 你的启动资金规模是？

    A. ＜¥10000

    B. ¥10000 ～ 50000

    C. ＞¥50000

2. 你的供应链资源更接近以下哪种？

    A. 无资源，需从 1688、义乌采购

    B. 有稳定工厂合作（可定制生产）

    C. 自有工厂、独家代理

3. 你每天能投入的运营时间是？

    A. ＜ 2 小时

    B. 2 ～ 4 小时

    C. ＞ 4 小时

4. 你的内容创作能力如何？

    A. 完全新手

    B. 会简单剪辑（剪映、CapCut）

    C. 有专业团队（摄影、剪辑、文案）

5. 你对风险的承受能力是？

    A. 低（不接受库存积压）

    B. 中（可接受 10% ～ 20% 损失）

    C. 高（愿赌潜力爆款）

二、填空题

你的产品类目兴趣方向：＿＿＿＿＿＿＿＿＿＿ （如家居、3C、母婴）

你拥有的特殊资源：＿＿＿＿＿＿＿＿＿＿ （如设计师合作、海外仓、专利技术）

目标市场用户核心痛点：＿＿＿＿＿＿＿＿＿ （如"欧美家庭收纳需求"）

你能接受的产品重量上限：＿＿＿＿＿＿＿＿ （如 500g、2kg、5kg）

你的物流时效要求：＿＿＿＿＿＿＿＿ （如 7 天达、15 天达）

三、需求匹配题

请根据以下场景选择优先级，并排序（1 为最高，3 为最低）。

你更重视：

　　　[　]快速出单（如 Temu）

　　　[　]长期品牌溢价（如独立站）

　　　[　]稳定复购（如亚马逊）

你的产品差异化优势：

　　　[　]价格（比同行低 30% 以上）

　　　[　]功能（独家专利、微创新）

　　　[　]设计（高颜值、文化元素）

你对售后问题的态度：

　　　[　]必须低退货率（＜5%）

　　　[　]可接受中退货率（5% ~ 15%）

　　　[　]愿用高退货换高利润（＞15%）

　　结合上述问题，你可以快速定位自身在资金、供应链、运营能力、风险偏好等维度的位置，系统性缩小选品的范围，提高成功率。

对于选品，你的思考是＿＿＿＿＿＿＿＿＿＿＿＿＿＿＿＿＿＿＿＿＿＿＿＿＿＿＿＿

＿＿＿＿＿＿＿＿＿＿＿＿＿＿＿＿＿＿＿＿＿＿＿＿＿＿＿＿＿＿＿＿＿＿＿＿＿＿

＿＿＿＿＿＿＿＿＿＿＿＿＿＿＿＿＿＿＿＿＿＿＿＿＿＿＿＿＿＿＿＿＿＿＿＿＿＿

2. 利用工具分析热销品类

（1）核心工具推荐

亚马逊 核心工具		
工具名称	核心功能	应用场景
Jungle Scout	监控 BSR 榜单、关键词搜索量、预估销量	发现上升趋势品类
Helium 10	竞品利润计算、Review 差评分析	优化差异化卖点
Keepa	追踪历史价格、促销频率	判断品类生命周期
AMZ Scout	轻小件物流成本模拟	评估利润率（含 FBA 费用）

TikTok 核心工具		
工具名称	核心功能	应用场景
TikTok Creative Center	分析热门标签、音乐、受众画像	捕捉内容趋势
Ecomhunt	实时监控 TikTok 爆款商品	快速跟款
Pinterest Trends	发现视觉导向品类（如家居装饰）	跨平台验证热度
Upfluence	匹配 TikTok 红人（按品类、粉丝量）	达人种草合作

（2）亚马逊案例

> 通过 Jungle Scout 发现宠物按摩梳（BSR 从 5000 位升至 800 位，评论月增 200 条），判断为潜力品类。

（3）TikTok Shop 案例

> 标签分析 #TikTokMadeMeBuyIt（播放量 70 亿＋）→ 筛选近期增长快的子类目，发现磁性假睫毛（相关视频播放量月增 300%，标签 #magneticlashes）。

你的选品工具	
要分析的元素	
方案	

3. 评估利润空间

（1）采购成本

项目	内容
出厂价	含产品、配件、包装费用
定制费用	开模、设计费分摊（首单分摊到单件）

避"坑"

避免选择无"跨境专供"标签的供应商（可能不支持小批量）。

验厂时要求提供质检报告（如 SGS 认证、CE 认证）。

（2）物流成本

物流环节	计算方式（以美国为例）
头程运费	空运￥30/kg，海运￥8/kg
FBA 配送费	按尺寸分段
海外仓存储费	￥1.2/（天 / 立方米）（超 365 天费用翻倍）
退货物流费	买家退回运费（平均￥5 ～ 10/ 单）

避"坑"

体积重陷阱：抛货（如毛绒玩具）按（长×宽×高）/5000（空运）计费。

旺季附加费："黑五"期间物流费可能上涨 30%，需提前签约协议价。

（3）平台费用

平台	费用结构
亚马逊	佣金 15% + FBA 费 $4.5
TikTok Shop	佣金 5% + 支付手续费 2.9%
Shopify 独立站	交易手续费 2.9% + $0.3

避"坑"

亚马逊长期仓储费：库存超 365 天，费用增至 $6.9/ 立方英尺，需定期清理滞销品。

独立站支付拒付（Chargeback）：预留 3% ～ 5% 风险金。

注意平台的隐形费用，例如某平台虽然无佣金费用，但是其他收费项目多。

（4）运营成本

项目	内容
广告费	亚马逊 ACOS 控制在 20% 以内（广告费、销售额）
人工成本	客服、运营工时费
工具订阅	ERP 系统、选品工具

（5）隐性成本

项目	内容
汇率损失	美元结汇时汇率波动
促销折扣	Coupon（优惠券）、会员专享价
样品及赠品	寄送 KOL 测款

成本记录表		
项目	细分项	费用
采购成本		
物流成本		
平台费用		
运营成本		
隐性成本		
合计		

4. 差异化卖点

（1）功能差异化：在基础功能上增加创新或改进，解决竞品未覆盖的痛点。

竞品差评分析	某筋膜枪差评的高频词是"噪声大"，则本产品升级为静音电机
微创新开发	宠物喂食器增加"语音录制投喂提醒"功能
专利保护	申请外观专利（1～3个月）或实用新型专利（6～12个月）

（2）设计差异化：通过视觉、材质、包装等提升产品辨识度。**注意：避免过度设计导致成本飙升！**

视觉优化	配色：莫兰迪色系（家居用品）、荧光色（运动配件） 形态：可折叠设计（节省空间）、透明外壳（展示内部结构）
材质升级	宠物梳：304 不锈钢替换塑料（耐用性提升） 餐具：食品级硅胶替代 PVC（环保卖点）
包装策略	礼盒装：首饰盒内附手写卡片（提升开箱体验） 环保包装：可降解材料 + 种子纸（契合欧美用户价值观）

（3）捆绑销售：关联产品组合售卖，提高客单价和用户黏性。

场景化捆绑	露营套装：帐篷 + 防潮垫 + 便携灯（解决用户一站式采购需求） 美甲工具包：甲油胶 + 烤灯 + 饰品（TikTok 教程引流）
订阅制	每月宠物零食盒（定制配方 + 惊喜小玩具） 独立站复购率提升 50%（参考 BarkBox 模式）

你的差异化卖点思考

二、供应链搭建

1. 筛选供应商

通过 1688、Alibaba 等线上平台，或参加线下展会、实地考察工厂等方式，筛选供应商。评估供应商生产能力、产品质量、价格、交货期等因素。

> **1688 采购技巧**
>
> 筛选"诚企标"商家，要求提供验厂视频。
>
> 质量管控：随机抽检 3% 货品，要求工厂签质量协议（如次品率≤2%）。

关键词 _____

_____

_____

厂家信息汇总 _____

_____

_____

_____

_____

_____

_____

_____

2. 签订合同

合同条款	内容要点	你的合同要点
MOQ	最小起订量（如50件），超量是否有折扣	
交期	明确生产周期（从付款到发货的天数）	
质检标准	约定抽检比例、验收方法	
付款方式	分阶段付款（30%定金+70%尾款验货后付）	
知识产权	明确设计版权归属（防供应商盗用设计转卖）	
违约责任	延迟交货、质量问题的赔偿方案	
其他要素		

3. 备货计划

（1）备货公式与工具

$$安全库存 = （日均销量 \times 最大到货周期）\times 1.5$$

工具推荐

Inventory Planner：预测亚马逊 FBA 补货量。

ERP 系统：店小秘、马帮自动同步多平台销量。

你的安全库存是 _____

（2）不同物流方式的备货策略

物流方式	到货周期	适用场景	备货建议
空运	7～15 天	测款 / 紧急补货	备 1 个月销量
海运	30～45 天	旺季主力货	备 2～3 个月销量
海外仓	2～3 天	大件 / 高周转品	按周补货（结合实时销量）

你的备货策略　　□ 空运　　　　□ 海运　　　　□ 海外仓

你的备货计划 _____

_____

_____

4.急备选供应商名单

寻找 2～3 家备选供应商，以备主供应商出现问题时可及时切换。与 2 家备选供应商保持联系，定期了解其生产能力和产品价格，确保在需要时能迅速合作。

你的备选供应商有 _____

_____

_____

三、物流方案

1. 选择物流模式

维度	平台物流	第三方海外仓	自发货（直邮）
适用场景	高流量标品、稳定销量产品	大件商品、多平台卖家	测款期、低销量长尾产品
核心优势	时效、特别标识	多平台共用库存、尾程运费低	零仓储费、灵活控制库存
成本结构	仓储费＋配送费	头程运费＋仓储费	物流商报价
时效性			
风险点	长期仓储费高、退货集中处理难	库存积压风险、需多平台分销	差评率高（物流原因占比大）
其他			

决策建议（以亚马逊为例）

新品测款：自发货（避免 FBA 压货成本）。

旺季爆款：FBA＋海外仓组合（应对亚马逊库容限制）。

大件家具：海外仓（节省尾程运费 50% 以上）。

你的需求是 _____

_____

你选择的物流模式是　□ 平台物流　□ 第三方海外仓　□ 自发货

2. 对比物流商

对比物流商的时效、价格、清关能力、赔付条款等信息，筛选出最优物流商。

物流商	渠道	时效（天）	价格（¥/500g）	清关优势
云途	优先线			
燕文	经济小包			
递四方	4PX 联邮通			
DHL	国际特快			

选择策略

低价轻小件：燕文经济小包（＜¥50 商品）。

高时效需求：云途优先线（节日促销期）。

敏感品：递四方特货渠道（化妆品、带电产品）。

你选择的物流是 _____

3. 设置备货警戒线

根据销售速度和物流周期，设置备货预警线。当库存低于预警线时，及时补货，防止断货；同时避免库存积压，造成滞销。

（1）预警等级与应对策略

库存状态	判定标准	应对措施
绿色	＞安全库存 1.2 倍	正常销售，关注周转率
黄色	安全库存 ×（0.8~1.2）倍	监控销量趋势，准备补货计划
红色	＜安全库存 ×0.8	紧急补货（空运）+ 调低广告预算

（2）工具自动化管理

➢ 亚马逊卖家中心：启用"库存预警"功能，设置最低库存阈值。

➢ ERP 系统：店小秘自动同步多平台库存，生成补货建议。

➢ BI 看板：Tableau 可视化库存健康度，记录数据包括库龄、周转率、滞销品。

案例：某卖家通过马帮 ERP 设置

当 FBA 库存＜500 件时，自动触发采购单至 1688 供应商；

当库龄＞180 天时，自动生成站外促销方案。

你的备货预警设定计划

第四章

店铺运营与营销

一、优化店铺

1. 本地化文案

将店铺页面、产品描述、客服话术等进行多语言翻译，并根据当地文化习俗进行适配。

建议： 使用两种以上 AI 交叉验证，以提高内容的准确性。

本地化文案的要点

2. 高转化详情页

以亚马逊平台为例,其详情页的内容包括商品标题、商品图片、商品描述、问答、买家评论、商品评级和价格。

详情页结构	要点

3. 关键词优化

在产品标题、Search Terms（亚马逊平台关键词搜索字段）、后台属性等位置合理布局关键词，使用关键词研究工具（如 MerchantWords、Google Keyword Planner）查找热门关键词。

以"running shoes"（跑鞋）为例，在标题中合理组合关键词，如"Lightweight Running Shoes for Men - Breathable and Comfortable"，并在 Search Terms 中添加相关长尾关键词，如"running shoes for long distance""lightweight running shoes for daily use"等，提高搜索曝光率。

关键词优化思路

4. 设置多货币支付

（1）支付方式

地区	推荐支付工具
欧美	PayPal、信用卡
东南亚	GrabPay、OVO
巴西	Boleto（线下支付）
中东	CashU、OneCard

（2）本地支付优化——显示货币

➢ 自动切换本地货币（Shopify 插件：BEST Currency Converter）。

➢ 含税价：欧洲站显示 VAT 含税价（如 €19.99 incl. VAT）。

（3）防欺诈设置——风控工具

➢ Stripe Radar：自动拦截高风险交易（误"杀"率＜1%）。

➢ 人工审核：＞$500 订单需短信验证。

货币支付方案及注意事项 _____

_____

_____

_____

二、站内流量

1. 平台广告投放

在亚马逊等平台投放 SP 广告、品牌推广广告。设置关键词出价、广告预算、投放时间等。

广告类型	适用场景	优化技巧	工具推荐
SP 广告	新品推广、长尾词挖掘	自动广告跑词→筛选高转化词→转手动精准投放	Helium 10 Adtomic
品牌推广	品牌词防御、旗舰产品曝光	使用视频素材＋自定义品牌故事页	Canva（设计素材）
展示型广告	竞品流量拦截、再营销	定向竞品 ASIN、高加购用户	Sellics（竞品监控）

避"坑"

避免广泛匹配，导致预算过高。

品牌词被竞品劫持时，优先投放精准匹配。

广告投放注意点

2. 参与促销活动

活动类型	参与条件	流量红利期	备货建议
Prime Day	亚马逊 FBA 入仓截止前 30 天	提前 1 个月提升关键词排名	备货量 = 日均销量 ×3 倍
黑五	提报 Lightning Deals	活动前 2 周加大广告预算	启用 Coupon+Prime 专享折扣叠加
闪购	高转化率（＞ 10%）	秒杀开始后 4 小时冲量	设置库存预警（防秒空）

避"坑"

避免活动期间断货（提前 60 天海运备货）。

秒杀价需预留利润空间（＞ 15%）。

促销活动注意点

3. 优化搜索排名

通过积累用户评价（Review）提高产品评分，制作 A+ 内容（亚马逊平台提供的增强品牌内容）提升产品展示效果，从而优化搜索排名。

工具

Review 管理：FeedbackWhiz（自动邀评 + 差评预警）。

A+ 设计：Page Designer（亚马逊官方工具）。

优化搜索排名注意点

三、站外引流

1. Google、Facebook 广告

维度	Google 搜索广告	Facebook 广告
适用阶段	精准需求（用户主动搜索）	兴趣定向（潜在需求挖掘）
关键词	长尾词（如 "best wireless headphones under $100"）	人群包（如宠物主人＋科技爱好者）
创意重点	突出价格／功能对比	强视觉素材（视频／轮播图）
优化工具	Google Keyword Planner	Facebook Audience Insights

避 "坑"

避免 Facebook 广告文案含 "免费" "保证" 等敏感词。

Google 广告需排除品牌词（防内部流量竞争）。

广告投放思路

2. 社交媒体运营

平台	内容形式	爆款公式	工具推荐
TikTok	短视频	痛点＋产品解决＋促销	CapCut（剪辑）
Instagram	高清图片＋Reels 短视频	生活方式植入 （如厨房神器展示）	Later（排期发布）
Pinterest	场景拼图＋产品教程	季节性强 （如圣诞装饰灵感图）	Tailwind（数据分析）

社交媒体运营思路 _____

_____

_____

3. KOL 合作

粉丝量	合作成本	效果预期
1K ～ 10K		高互动（评论率 5% ～ 10%）
10K ～ 50K		性价比 ROI（3 ～ 5 倍）
50K ～ 500K		品效合一（曝光＋转化）
500K+		品牌背书（长效收益）

（1）合作模式

➤ 佣金制：按销售额分成，适合中小卖家。

➤ 内容买断：$500 买断视频版权（可多平台分发）。

（2）效果追踪

➤ 独立站用 UTM 参数标记来源。

➤ 亚马逊通过品牌关键词搜索量增长判断。

KOL 合作思路 _____

_____

_____

_____

4. 邮件营销

收集用户邮箱地址，发送弃购挽回邮件、会员折扣邮件等。

案例：弃购挽回

使用时机：弃购后 1 小时、24 小时、72 小时。

使用话术："您的购物车有未结商品！输入 CODE10 立减 $10"。

邮件营销要点 _____

_____

_____

_____

_____

第五章

订单处理与客户服务

一、订单管理

1. 自动化 ERP 系统

名称			
支持平台			
库存管理			
物流API			
成本			

执行步骤

（1）数据迁移：导入历史订单（CSV 模板）+ 产品 SKU 信息。

（2）规则设置：自动分仓（按目的地就近发货）、低库存预警。

（3）异常处理：ERP 自动标记问题订单（如地址不全），需人工干预率＜ 5%。

你选择的 ERP 系统 _____

使用要点 _____

2. 实时跟踪物流状态

主流物流 API 方案			
物流商	对接方式	状态更新频率	数据维度
云途	标准 API	每 2 小时	轨迹节点 + 预计到达时间
DHL	EDI 高级接口	实时	清关状态 + 签收人姓名
亚马逊 FBA	MWS API	每 4 小时	入库进度 + 库内损坏率

实施要点

客户通知：物流节点触发自动邮件（如"已清关"通知）。

异常监控：滞留超 3 天自动推送工单至客服（工具：AfterShip）。

你选择的 API 方案 _____

注意事项 _____

_____

_____

3. 退换货流程

退货原因	自动回复模板	处理方案
尺寸不符	"感谢反馈！为您提供免费换货 +$5 优惠券"	引导换货（成本＜重发新品）
质量问题	"深表歉意！立即补发新品，旧品无须退回"	销毁旧品（适用于低值商品）
主观原因	"接受退货，运费由您承担（或扣除 $8 服务费）"	减少恶意退货（合规声明在购买页）

逆向物流优化

　　海外仓退货：谷仓美国仓处理费￥5/件（检查＋翻新）。

　　二次销售：B级品挂"Open Box"降价20%出售。

> 退换货话术 _____
>
> _____
>
> _____

二、客户服务

1. 多语言客服

方案	适用场景	成本	响应质量
AI 翻译工具	小语种低频咨询（如泰语）	￥0.1/条（DeepL API）	准确率85%（需人工校对）
外包客服	高咨询量市场（欧美）	￥3000/（人·月）（菲律宾团队）	专业话术＋文化适配
自建团队	品牌化服务（日语/德语）	￥8000/（人·月）＋培训成本	高可控性＋深度产品知识

> 话术库建设
>
> （1）模板分类：物流查询、退货指导、技术问题（各准备10套标准回复）。
>
> （2）文化适配：
>
> 　　日本客户：多用敬语"お客様"（避免直呼"你"）。
>
> 　　德国客户：直接提供解决方案（少用寒暄）。

客服方案选择

2. 响应时效——SLA 标准与工具

渠道	目标响应时间	监控工具	达标奖励机制
邮件	＜ 12 小时	Gmail 标签＋过滤器	每月达标奖￥500/ 人
在线聊天	＜ 3 分钟	Zendesk 实时看板	响应 TOP 3 额外休假半天
社交媒体	＜ 1 小时	Hootsuite 收件箱	差评挽回成功奖￥100/ 单

响应时效注意点

3. 差评处理

四步挽回法：

（1）即时响应：差评出现后 1 小时内私信道歉。

（2）补偿方案：全额退款（保 Listing 评分）；补发新品＋赠品（成本＜获得新客的成本）。

（3）修改请求：提供解决方案后，礼貌请求修改评价。

（4）案例复盘：周会分析差评根本原因（如物流、品控）。

私信模板：

"尊敬的客户，我们为此次不佳体验深感抱歉！已为您全额退款并补发新品（单号：×××），恳请给我们一次改进的机会。如您愿意更新评价，我们将额外赠送 \$10 优惠券以表感谢。"

差评处理要点

4. 满意度调查

（1）精简问题（5 题以内）。

> 您对产品满意吗？（1 ~ 5 分）
>
> 物流时效是否符合预期？（是 / 否）
>
> 您会推荐我们给朋友吗？（1 ~ 10 分）

（2）工具推荐：SurveyMonkey（模板库）、Typeform（交互友好）。

复购激励策略		
用户分层	激励方案	转化率提升预期
新客	满 50 减 50 减 10（30 天有效）	15% ~ 20%
休眠客户	专属折扣码（邮件 + 短信）	8% ~ 12%
高价值客户	生日礼包 + 优先客服通道	25% ~ 30%

满意度调查要点

第六章

数据分析与优化

一、核心指标监控

1. 流量来源

借助 Google Analytics 等工具，分析直接流量、广告流量、自然搜索流量等占比情况。

若发现某阶段广告流量大幅下降，而自然搜索流量稳定上升，可能是近期广告投放策略调整不当，需重新审视广告关键词、出价及投放渠道；若直接流量持续增长，说明品牌知名度在逐步提升，可考虑加大品牌推广力度。

案例：

某独立站发现自然搜索流量转化率 8%（广告仅 3%），遂加大 SEO 投入，优化 Top 50 关键词的 Landing Page。自然流量占比从 15% 提升至 30%，整体 ROI 增长 25%。

你的流量来源记录

2. 转化率

通过电商平台后台数据及页面分析工具，计算不同页面（如产品详情页、购物车页面等）的转化率。

若产品详情页转化率低于行业平均水平，可能是页面内容不够吸引人，需优化产品描述、图片质量或增加视频展示等；若购物车转化率低，可能存在支付流程烦琐、运费过高或缺乏促销引导等问题，针对性优化可提升整体转化率。

记录转化率问题项及优化方案

3. 客单价

统计一定时期内订单总金额与订单数量的比值，分析客单价变化趋势。

若发现客单价在促销活动期间有所下降，可能是折扣力度过大，吸引了大量购买低价产品的用户；若客单价长期稳定，可尝试推出组合套餐、关联产品推荐等交叉销售策略，提高用户单次购买金额。

（1）捆绑销售	数据支持：用 ERP 系统分析常购组合（如手机壳＋钢化膜） 定价技巧：套装价格＝单品总价 ×0.9（感知折扣驱动购买）
（2）加价购	案例："加 $5 换购价值 $15 的耳机绕线器" 工具：Shopify 插件「Frequently Bought Together」
（3）会员分级	银卡：满 100 送 100 + 10 券 金卡：满 500 享专属客服 + 生日礼包

你的提高客单价策略 _____

_____

_____

_____

_____

_____

_____

_____

4. ROI

计算广告投入成本与因广告带来的销售收益的比值，评估广告效果。

某广告系列 ROI 为 1:2，意味着每投入 1 元广告成本，获得 2 元销售收益。若 ROI 低于预期，需分析是广告投放精准度不够，还是产品本身竞争力不足，进而调整广告策略或优化产品。

案例：

某卖家发现 Google 搜索广告 ROI=220%，Facebook 互动广告仅 80%，于是将 Facebook 预算削减 50%，转投 Google，结果是总 ROI 从 120% 提升至 180%。

你 ROI 优化措施

二、工具与报告

1. 数据看板：实时监控与可视化

平台	适用场景	核心功能	成本
Google Analytics 4	独立站全渠道分析	跨设备归因、预测性指标	免费
Tableau	多平台数据整合	自定义 Dashboard、高级数据建模	$70/（用户·月）
Power BI	企业内部协作	与 Microsoft 生态无缝集成	$10/（用户·月）

看板指标布局建议

顶部：实时 GMV、订单量、广告花费。

中部：流量来源环形图、转化率趋势线。

底部：热销 SKU 列表、库存健康度预警。

你的数据看板设定 _____

2. 竞品监控：知己知彼的攻防战

工具	核心功能	应用场景
Keepa	亚马逊价格历史追踪	识别竞品促销周期，制定价格战策略
卖家精灵	竞品流量词库抓取	挖对手高转化关键词，反向优化 Listing
SEMrush	独立站竞品流量来源分析	发现对手优质外链，复制 SEO 策略

实战技巧

价格跟随：设置 Keepa 价格警报，竞品调价后 30 分钟内响应。

流量劫持：在竞品 ASIN 的广告中投放自家产品（亚马逊品牌广告）。

差异化突围：分析竞品差评，针对性升级产品。

你的竞品监控记录

3. 复盘会管理：从问题归因到策略迭代

复盘会标准化流程	
数据准备 （会前1天）	整理周/月核心指标对比表（GMV、转化率、ROI）
	输出问题清单（如"Q3退货率环比上升8%"）
会议框架 （60～90分钟）	第一部分：数据总览（10分钟）
	第二部分：问题归因（30分钟，用5Why分析法）
	第三部分：策略投票（20分钟，列出3种解决方案并表决）
	第四部分：任务分配（10分钟，明确责任人+Deadline）
工具与模板	会议记录：Notion模板（问题→原因→方案→跟进人）
	任务追踪：Trello看板（设置完成度进度条）
避"坑"指南	避免"数据罗列无结论"：每次会议聚焦1～2个核心问题
	防止"责任推诿"：用数据说话（如客服响应延迟导致差评率升5%）

你的复盘记录

你的复盘记录

第七章

合规与风险管理

一、财务合规

1. 跨境收款：低成本安全回款

工具	核心优势	适用场景	费率对比
Payoneer	多平台快速提现（亚马逊最快 T+1）	中小卖家，多币种收款	提现 1.2%，无年费
WorldFirst	汇率优（比银行高 0.5% ～ 1%）	大额欧元 / 英镑收款	0.3% ～ 0.5% 封顶
PingPong	支持 VAT 代缴（欧盟、英国）	税务复杂市场	0.5% ～ 1%
空中云汇	本地账户收款（美国 ACH、欧洲 IBAN）	独立站高流水卖家	0.1% ～ 0.3%

避"坑"

避免频繁小额提现（手续费累计高），建议每周 / 月集中操作。

香港公司账户优先收美元，减少汇损。

你的跨境收款方案＿＿＿＿＿＿＿＿＿＿＿＿＿＿＿＿＿＿＿＿＿＿＿＿＿＿＿＿

＿＿＿＿＿＿＿＿＿＿＿＿＿＿＿＿＿＿＿＿＿＿＿＿＿＿＿＿＿＿＿＿＿＿＿＿＿

＿＿＿＿＿＿＿＿＿＿＿＿＿＿＿＿＿＿＿＿＿＿＿＿＿＿＿＿＿＿＿＿＿＿＿＿＿

＿＿＿＿＿＿＿＿＿＿＿＿＿＿＿＿＿＿＿＿＿＿＿＿＿＿＿＿＿＿＿＿＿＿＿＿＿

2. 税务申报：全球合规布局

核心税种与申报要点				
税种	适用地区	税率	申报周期	注册流程
VAT	欧盟 / 英国		季度申报	提交营业执照 + 租赁合同至税代
销售税	美国各州		年度 / 季度	在州税务局注册 Seller Permit
所得税	全球（按属地）		年度申报	本地会计审计后提交

案例：

　　某卖家在德国站年销 €50 万，注册 DE 税号（成本 €500），季度申报 VAT。最终，进口退税 €8000（抵扣进项税），净成本降低 16%。

工具推荐

　　VAT 注册：J&P 会计师事务所（欧盟全境覆盖）。

　　税务计算：TaxJar（自动计算美国各州税率）。

税务申报要点 _____

_____

_____

_____

_____

_____

二、风险防控：全链路危机管理

1. 账户安全：防关联与 IP 隔离

防关联方案			
资源	独立配置要求	推荐工具	成本
IP 地址	每个店铺独立 IP	阿里云 VPS（专线 IP）	￥80/ 月
浏览器	不同浏览器指纹	Multilogin（虚拟浏览器）	$99/ 月
支付卡	店铺绑定独立信用卡	虚拟信用卡（VCC）	￥50/ 张（单次充值）

操作流程

新店铺：阿里云美国服务器 +Multilogin 创建新环境。

支付：使用万里汇虚拟卡（卡号唯一，额度可控）。

信息隔离：法人姓名、地址、电话均不重复。

你的账户安全注意项 _____

_____

_____

_____

_____

2. 库存风险：滞销品清仓策略

四级清仓机制			
库龄	处理方式	目标折扣	工具支持
30～60 天	站内 Coupon（20% off）	月销提升 50%	亚马逊 Coupon Manager
60～90 天	站外 Deal（Slickdeals）	清仓率＞70%	Vipon（亚马逊折扣站）
90～180 天	捆绑销售（买 A 送 B）	客单价提升 30%	店小秘库存组合功能
＞180 天	捐赠抵税、报废（避免长期仓储费）	减少损失至成本价 20%	谷仓海外仓销毁服务

案例：

　　某家居卖家通过站外 Deal 清仓，原价 $39.99 的滞销台灯，以 $39.99 的滞销台灯，以 $19.99 在 Slickdeals 促销。3 天 500 件售罄，回收资金 $10 000，止损率 60%。

你的库存情况 _____

_____

你的清库存方案 _____

_____

_____

_____

_____

3. 知识产权：护城河搭建

（1）商标专利布局

类型	保护范围	申请周期	费用（参考）	工具推荐
商标	文字、图形、立体	6～12个月	美国：$250～500	WIPO 全球品牌数据库
外观专利	产品设计	12～18个月	欧盟：€2000	Google Patent Search
发明专利	技术创新	2～3年	中国：￥5000+	八戒知识产权（代理服务）

（2）侵权排查 SOP

➢ 选品阶段：用 WIPO 数据库检索商标关键词（如关键词是否被注册）。

➢ 上架前：Google Patent 搜索产品核心功能专利（如"wireless charging technology"）。

➢ 日常监控：Brand Registry 举报跟卖（亚马逊 5 个工作日内下架）。

案例：

　　某卖家在亚马逊美国站注册品牌"ZOOMGO"后，通过举报移除跟卖链接 23 条，转化率提升 15%（品牌专属流量加持）。

知识产权注意点

三、风险防控工具

风险类型	工具推荐	核心功能
账户安全	Malwarebytes（防关联软件）	实时监测电脑 cookies、插件
税务合规	Avalara（自动计税）	多国税率计算＋申报文件生成
知识产权	TMview（欧盟商标查询）	全球商标数据库检索
库存管理	InventoryLab	库龄分析＋滞销品预警

风险工具使用要点

长期增长策略

一、品牌化路径

1. 独立站 SEO 优化：内容 + 外链

（1）内容策略

关键动作	每周发布 2 篇原创博客，解决用户痛点
	产品页嵌入 UGC 视频，提升停留时长
工具推荐	Surfer SEO（内容优化）、Canva（图文设计）
目标指标	博客自然流量月增加

（2）关键词布局

关键动作	长尾词覆盖，如"best wireless headphones for gym"
	优化产品页标题 + 描述 + 关键词
工具推荐	Ahrefs（关键词挖掘）、Moz Pro（难度分析）
目标指标	Top 10 关键词占比＞30%

（3）外链建设

关键动作	合作行业博客发布 Guest Post，带独立站链接
	生成 Infographics 被权威站引用
工具推荐	HARO（媒体合作）、BuzzStream（外链管理）
目标指标	DA 值＞40 的外链＞50 条

2.私域流量沉淀：从一次性交易到终身价值

渠道一：WhatsApp 社群

运营策略	按用户标签建群（如"美妆达人""户外爱好者"）
	每周推送专属折扣 +UGC 征集活动
工具推荐	Wati（自动化消息）、ManyChat（用户分层）
转化率目标	社群用户复购率＞ 40%

渠道二：邮件列表

运营策略	按用户标签建群（如"美妆达人""户外爱好者"）
	每周推送专属折扣 +UGC 征集活动
工具推荐	Wati（自动化消息）、ManyChat（用户分层）
转化率目标	社群用户复购率＞ 40%

渠道三：SMS 营销

运营策略	弃购挽回（1 小时内发送 10% 折扣码）
	物流动态实时通知
工具推荐	Attentive（短信平台）、Postscript（合规管理）
转化率目标	短信 CTR ＞ 15%

你的品牌化选择

□ 独立站优化　　　□ 私域流量沉底

你的品牌化思路 _____

_____

_____

二、方向扩展

1. 新市场测试：科学选择潜力市场

四步测试法	
步骤一： 数据初筛	用 Google Trends 对比品类热度（如"yoga mat"在德国 vs 法国）
	查看亚马逊各站点 BSR 榜单（月销＞ 500 单且竞争度低）
步骤二： 小批量验证	通过 FBA 少量入仓（200 ～ 500 件）
	投 $500 广告测试 CTR（目标＞ 3%）
步骤三： 本地化适配	语言：雇佣母语者优化 Listing（Fiverr 成本 $50/ 篇）
	合规：注册当地 VAT（欧盟约 €500/ 国）
步骤四： 规模化复制	成功市场（ROI ＞ 2）投入预算翻倍
	失败市场（ROI ＜ 1）及时止损
工具推荐	市场洞察：Jungle Scout Market Intelligence
	竞争分析：Helium 10 Black Box

2. 产品线延伸：围绕用户需求的生态布局

（1）垂直延伸

开发逻辑	同一品类升级（如手机壳→防摔军工款）
失败警示	功能过度复杂导致退货率高

（2）水平延伸

开发逻辑	互补品类拓展（如帐篷→睡袋＋露营灯）
失败警示	供应链分散导致品控下滑

（3）场景延伸

开发逻辑	同一场景需求（如办公桌→显示器支架）
失败警示	偏离核心用户画像（价格带断裂）

执行步骤

用户调研：用 Typeform 问卷收集 500+ 用户需求（奖励 $5 优惠券）。

MVP 测试：3D 打印样品邀请 KOC 试用（成本＜ $1000）。

供应链匹配：1688 筛选柔性供应链（MOQ ＜ 100 件）。

3. 技术升级：AI 与算法驱动效率革命

（1）AI 客服：降低客服成本

应用场景	多语言支持（英语／西语／日语）
工具支持	Zendesk Answer Bot（$49/ 月）、Tidio（整合 ChatGPT）

（2）动态定价：提高利润

应用场景	竞品监控＋需求预测自动调价
工具支持	RepricerExpress（亚马逊专用） Competera（独立站适用）

（3）预测选品：缩短选品周期

应用场景	基于历史数据推荐潜力品类
工具支持	Helium 10 Trendster（亚马逊） OOS Commerce（独立站）

你的方向拓展选择

☐ 新市场测试　　　☐ 产品线延伸　　　☐ 技术升级

方向拓展思路 _____

三、避"坑"指南

（1）品牌化误区：盲目追求"高端设计"导致成本失控。

（2）扩展风险：新市场库存占比初期应＜总库存的 20%，以防滞销。

（3）技术依赖：AI 工具需人工校准，如客服话术需预设安全回复。

你发现的"坑"

附录

ACOS：Advertising Cost of Sale 的缩写，指广告销售成本比。

B2B：Business to Business 的缩写，指企业对企业。

B2C：Business to Consumer 的缩写，指企业对消费者。

BI 看板：英文全称为 Business Intelligence Dashboard，是一种数据可视化工具。

BSR：Best Sellers Rank 的缩写，是亚马逊上用来衡量产品销售表现的指标。

C2C：Consumer to Consumer 的缩写，指消费者对消费者。

CE 认证：即 CE Marking，是欧盟的一种强制性安全认证标志，被视为制造商打开并进入欧洲市场的护照。

COD：Cash on Delivery 的缩写，指货到付款。

CPM：Cost per Mille 的缩写，指每千次展示成本，是一种广告计费模式。

CSV：Comma Separated Values 的缩写，是一种常见的文本文件格式，用于存储和交换表格数据。

CTR：Click Through Rate 的缩写，指点击率。

DA：Domain Authority 的缩写，是指域名权威。分值越高代表域名的信任值越高，信任值越高的域名在关键词排名过程中就越容易上谷歌首页。

ERP：Enterprise Resource Planning 的缩写，指企业资源计划。

FBA：Fulfillment by Amazon 的缩写，指亚马逊物流。

GMV：Gross Merchandise Volume 的缩写，指商品交易总额。

JAS：日本农林标准的英文名称 "Japanese Agricultural Standard" 的缩写，由日本农林水产省（MAFF）制定，于 2002 年 4 月 1 日开始实施。

KOC：Key Opinion Consumer 的缩写，指关键意见消费者。

KOL：Key Opinion Leader 的缩写，指关键意见领袖。

MOQ：Minimum Order Quantity 的缩写，指最小起订量。

MVP：Minimum Viable Product 的缩写，MVP 测试指最小可行产品测试。

ROI：Return on Investment 的缩写，指投资回报率。

SEMrush：一款综合性的数字营销工具，是在线可见性管理和内容营销 SaaS 平台。

SGS 认证：由 SGS 集团进行的各类产品、服务或体系的认证及检验检测服务。

SKU：Stock Keeping Unit 的缩写，指库存保有单位，用于对商品进行分类管理的一种编码方式。

SLA：Service - Level Agreement 的缩写，指服务水平协议，是服务提供商与客户之间签订的一种合约。

SLS：Shopee Logistics Service 的缩写，指虾皮物流服务。

SP 广告：SP 是 Sponsored Products 的缩写，SP 广告是亚马逊等电商平台提供的一种广告服务。

UGC：User Generated Content 的缩写，指用户生成内容，也被称为用户原创内容。

UTM 参数：UTM 是 Urchin Tracking Module parameters 的缩写，UTM 参数是一组用于跟踪和分析网站流量来源的标记参数。